en avion

Titre original de l'ouvrage : "viajo en avión"
© José M.ª Parramón Vilasaló
© Bordas. Paris. 1987 pour la traduction française
I.S.B.N. 2-04-016874-5
Dépôt légal : mai 1987
novembre 1988

Imprimé en Espagne par
EMSA, Diputación, 116
08015 Barcelona, en octobre 1988
Dépôt légal : B-35.395-88
Numéro d'Éditeur : 785

la bibliothèque des tout-petits

Montserrat Viza
Jose Mª Lavarello

en avion

Bordas

C'est la première fois
que nous prenons l'avion.

Nous entrons directement
dans l'avion
par une espèce de tunnel.

Les moteurs accélèrent,
l'avion vibre.
Voici le moment tant attendu.
Enfin nous décollons.

Regarde ! La terre se penche !

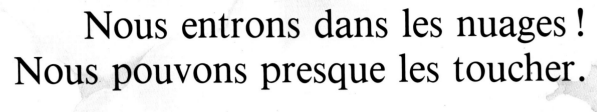

Nous entrons dans les nuages !
Nous pouvons presque les toucher.

On dirait un puzzle.
Même les grandes personnes
ont une dînette devant elles.

L'hôtesse a attaché nos ceintures,
car nous traversons un orage.
J'ai peur !
Regarde
comme mes mains transpirent !
Moi, je n'ai pas peur,
c'est comme au cinéma !

L'avion est assez grand
pour faire une petite promenade.
Mais comme les toilettes sont petites !

Le commandant nous invite
à visiter la cabine de pilotage.
Il y a des cadrans partout !
C'est sûrement difficile
de piloter un avion
quand on ne voit que le ciel.

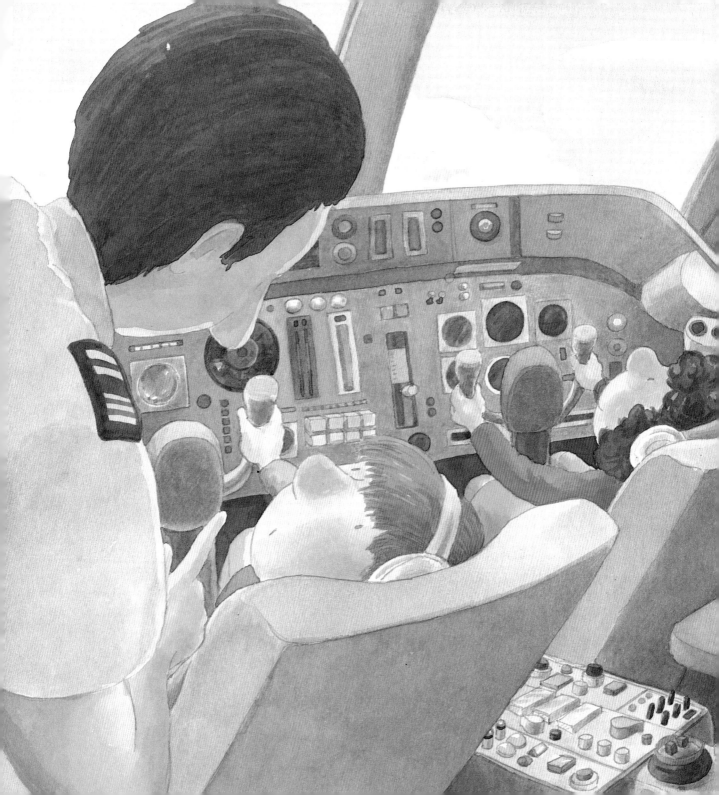

Moi, quand je serai grand,
je ferai de l'avion,
de l'hélicoptère, du planeur,
du delta-plane.

J'irai même en montgolfière.

Le bruit des moteurs a changé.
Et regarde sur l'aile :
une autre aile plus petite
vient de sortir.

La tour de contrôle
nous autorise à atterrir.

L'avion va se poser sur la piste.
Nous n'oublierons jamais
notre premier voyage en avion.

la bibliothèque des tout-petits

les quatre saisons

les cinq sens

la bibliothèque des tout-petits

les quatre éléments

les quatre âges de la vie

un jour...

BIBLIOTHÈQUE DES TOUT-PETITS

de 3 à 5 ans

Conçue pour les enfants de 3 à 5 ans, la *Bibliothèque des tout-petits* leur permet de maîtriser des notions fondamentales mais un peu abstraites pour eux : la perception sensorielle, les éléments, le rythme des saisons, les milieux de vie...
Ses diverses séries, constituées en général de 4 titres pouvant chacun être lu de manière autonome, en font une miniencyclopédie dont la qualité graphique, la précision et la fraîcheur de l'illustration sollicitent la sensibilité, l'imagination et l'intelligence du tout-petit.

LES CINQ SENS

L'ouïe
Le toucher
Le goût
L'odorat
La vue

LES QUATRE SAISONS

Le printemps
L'été
L'automne
L'hiver

LES QUATRE ÉLÉMENTS

La terre
L'air
L'eau
Le feu

LES ÂGES DE LA VIE

Les enfants
Les jeunes
Les parents
Les grands-parents

LES QUATRE MOMENTS DU JOUR

Le matin
L'après-midi
Le soir
La nuit

JE VOYAGE

En bateau
En train
En avion
En voiture

UN JOUR À...

La mer
La montagne
La campagne
La ville

RACONTE-MOI...

Le petit arbre
Le petit lapin
Le petit oiseau
Le petit poisson

MON UNIVERS

Voilà ma maison
Voilà ma rue
Voilà mon école
Voilà mon jardin

Pour éclater de lire